Tortillas y cancioncitas
Tortillas and Lullabies

POR
LYNN REISER

ILUSTRADO POR **"CORAZONES VALIENTES"**

COORDINADO Y TRADUCIDO POR **REBECCA HART**

HOUGHTON MIFFLIN

BOSTON • MORRIS PLAINS, NJ

California • Colorado • Georgia • Illinois • New Jersey • Texas

Las mujeres de "Corazones Valientes"
The Women of "Corazones Valientes"

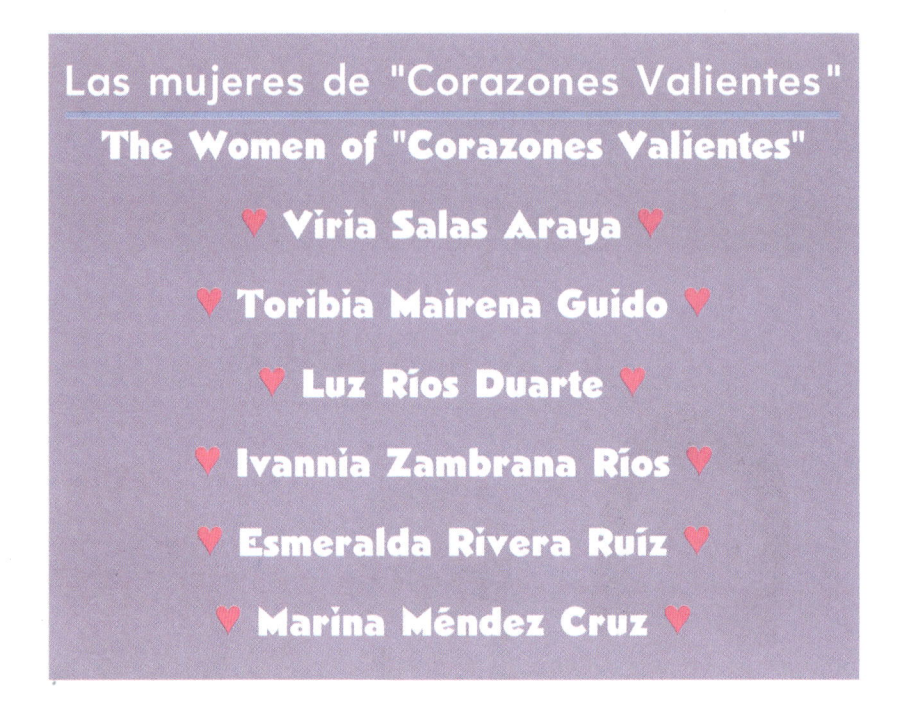

♥ Viria Salas Araya ♥

♥ Toribia Mairena Guido ♥

♥ Luz Ríos Duarte ♥

♥ Ivannia Zambrana Ríos ♥

♥ Esmeralda Rivera Ruíz ♥

♥ Marina Méndez Cruz ♥

Acknowledgments

Tortillas y cancioncitas/Tortillas and Lullabies, by Lynn Reiser, illustrations by Corazones Valientes. Text copyright © 1998 by Lynn Whisnant Reiser. Illustrations copyright © 1998 by Corazones Valientes. Reprinted by arrangement with HarperCollins Publishers.

Photography
(frames) Auto F/X Corp. **35** Don Mason/The Stock Market **36** Stewart Cohen/Tony Stone Images **37** Alan Hicks/Tony Stone Images **38** Myrleen Cate/Tony Stone Images **39** © 1993 Scott Barrow **40**(b) Bruce Ayres/Tony Stone Images **40**(t) Daniel Bosler/Tony Stone Images **41**(bl) Stephen Simpson/FPG International **41**(bm) Stewart Cohen/Tony Stone Images **41**(br) Dan Busler/Tony Stone Images **41**(tl) Paul Chauncey/The Stock Market **41**(tr) Arthur Tilley/FPG International.

Houghton Mifflin Edition, 2003
Copyright © 2003 by Houghton Mifflin Company. All rights reserved.

No part of this work may be reproduced or transmitted in any form or by any means, electronic or mechanical, including photocopying and recording, or by any information storage or retrieval system without the prior written permission of the copyright owner unless such copying is expressly permitted by federal copyright law. With the exception of nonprofit transcription in Braille, Houghton Mifflin is not authorized to grant permission for further uses of this work. Permission must be obtained from the individual copyright owner as identified herein. Address requests for permission to make copies of Houghton Mifflin material to School Permissions, Houghton Mifflin Company, 222 Berkeley Street, Boston, MA 02116

PRINTED IN THE U.S.A.

ISBN: 0-618-22826-8

1 2 3 4 5 6 7 8 9-QK-11 10 09 08 07 06 05 04 03 02

SUMARIO
Contents

1 **Tortillas** — página 2
   Tortillas — page 2

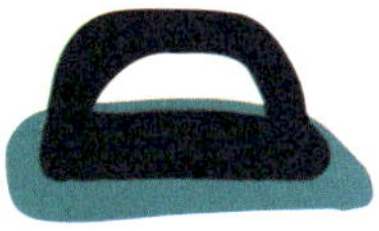

2 **Flores** — página 10
   Flowers — page 10

3 **Lavado** — página 18
   Washing — page 18

4 **Cancioncitas** — página 26
   Lullabies — page 26

Uno

1

One

Tortillas

Tortillas

Mi bisabuela hacía tortillas para mi abuela.

My great-grandmother made tortillas for my grandmother.

Mi abuela hacía tortillas para mi mamá.

My grandmother made tortillas for my mother.

Mi mamá hacía tortillas para mí,

My mother made tortillas for me,

y yo hacía tortillas para mi muñeca.

and I made tortillas for my doll.

Cada vez era lo mismo, pero diferente.

Every time it was the same, but different.

9

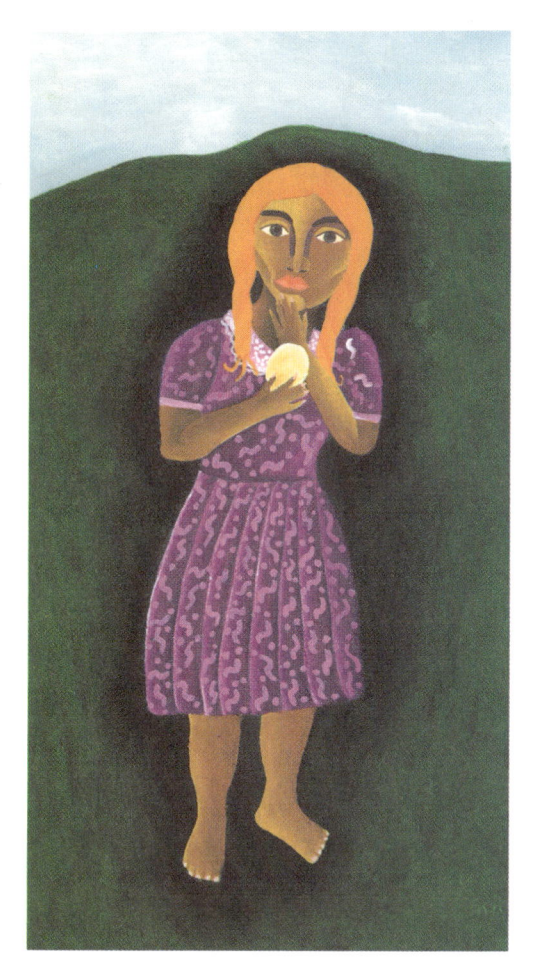

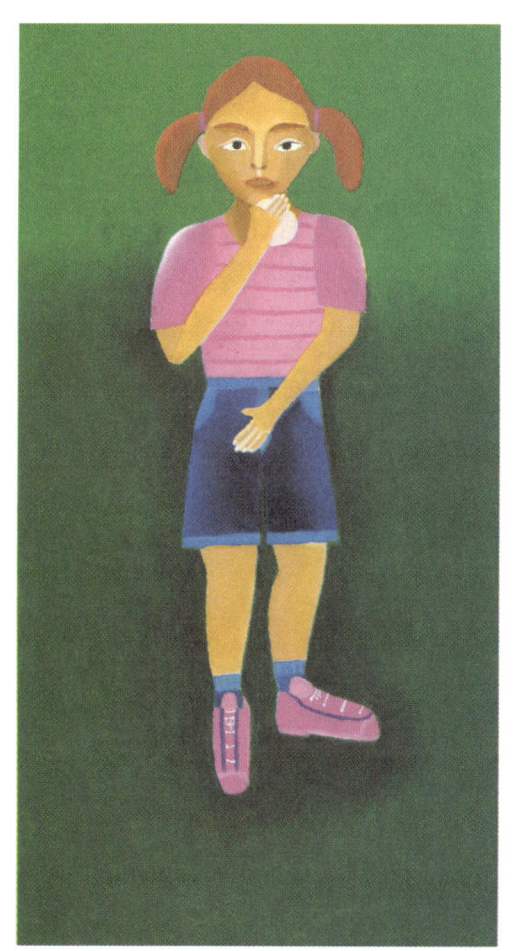

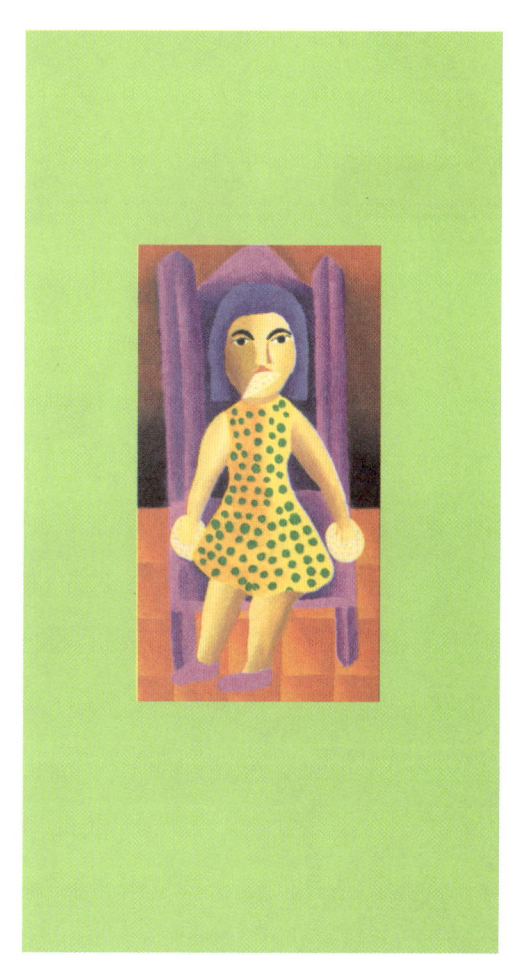

Dos

2

Two

Flores

Flowers

Mi abuela recogía flores para mi bisabuela.

My grandmother gathered flowers for my great-grandmother.

Mi mamá recogía flores
para mi abuela.

My mother gathered flowers
for my grandmother.

Yo recogía flores para mi mamá,

I gathered flowers for my mother,

y mi muñeca recogía flores para mí.

and my doll gathered flowers for me.

Cada vez era lo mismo, pero diferente.

Every time it was the same, but different.

17

Tres

3

Three

Lavado

Washing

Mi bisabuela lavaba un vestido para mi abuela.

My great-grandmother washed a dress for my grandmother.

Mi abuela lavaba un vestido para mi mamá.

My grandmother washed a dress for my mother.

Mi mamá lavaba un vestido para mí,

My mother washed a dress for me,

y yo lavaba un vestido para
mi muñeca.

and I washed a dress for my doll.

Cada vez era lo mismo, pero diferente.

Every time it was the same, but different.

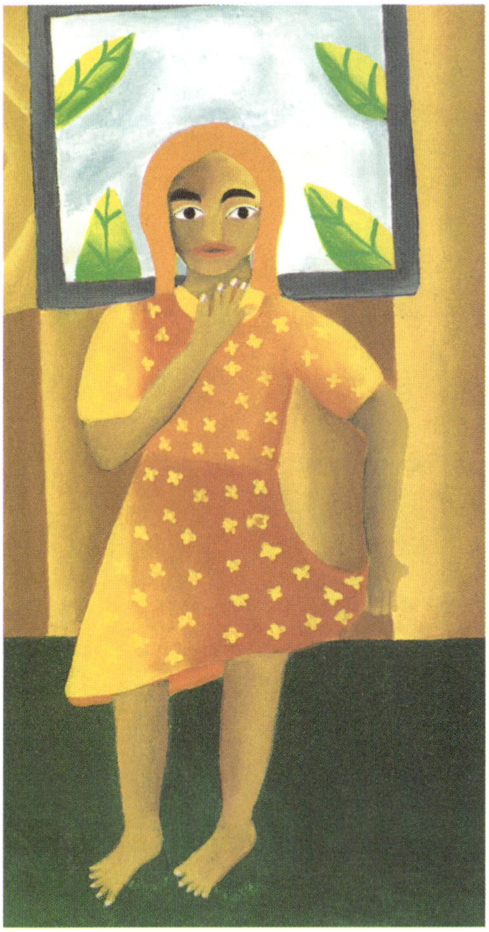

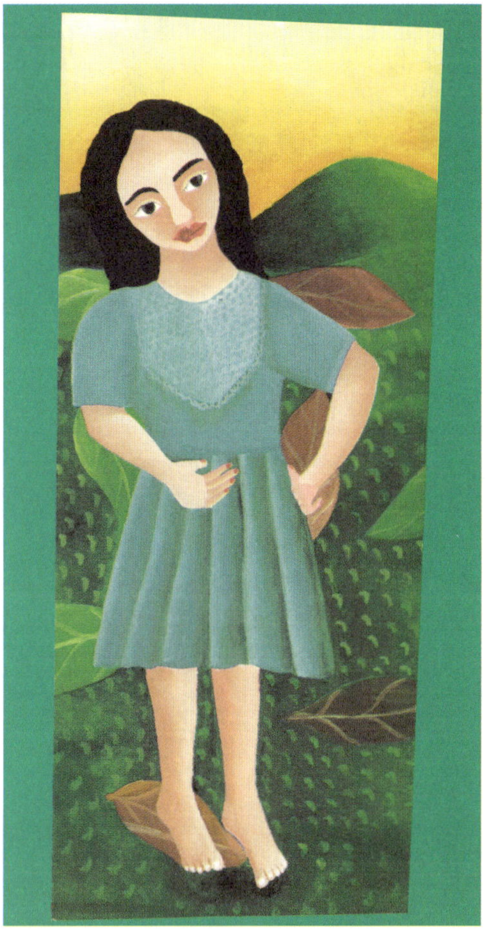

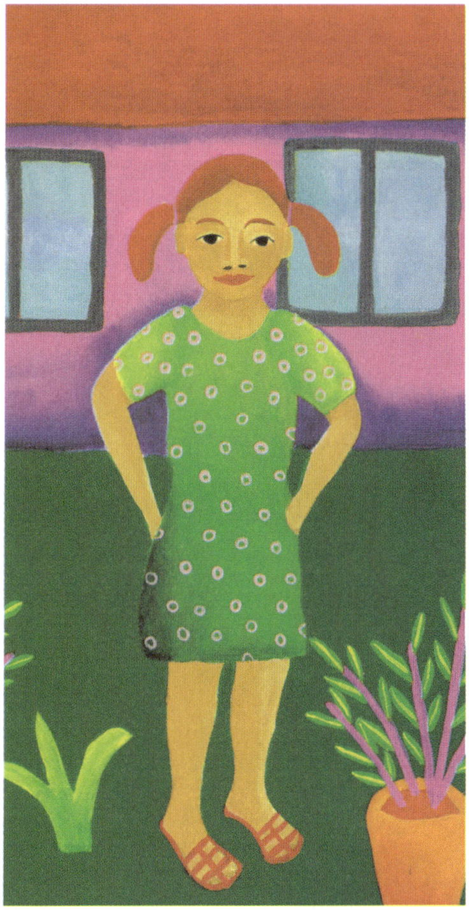

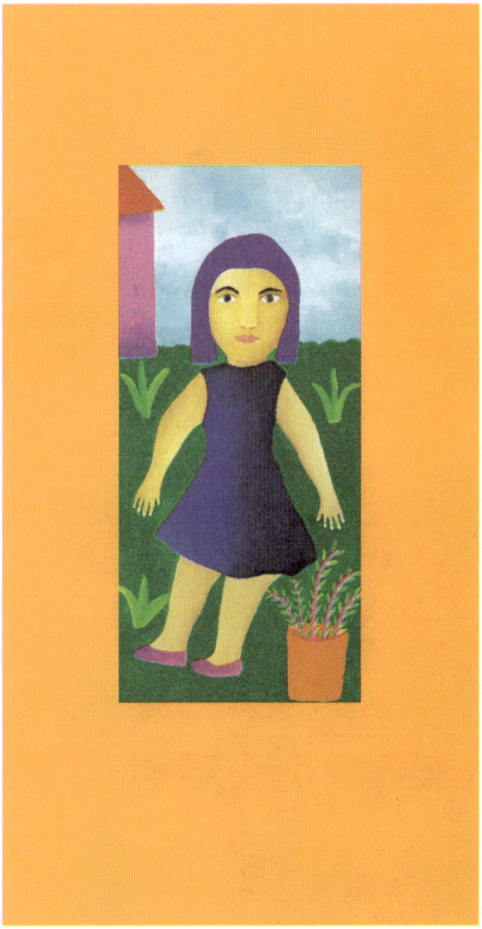

Cuatro

4

Four

Cancioncitas

Lullabies

Mi bisabuela le cantaba una cancioncita a mi abuela.

My great-grandmother sang a lullaby to my grandmother.

Mi abuela le cantaba una cancioncita a mi mamá.

My grandmother sang a lullaby to my mother.

Mi mamá me cantaba una cancioncita a mí,

My mother sang a lullaby to me,

y yo le cantaba una cancioncita a mi muñeca,

and I sang a lullaby to my doll,

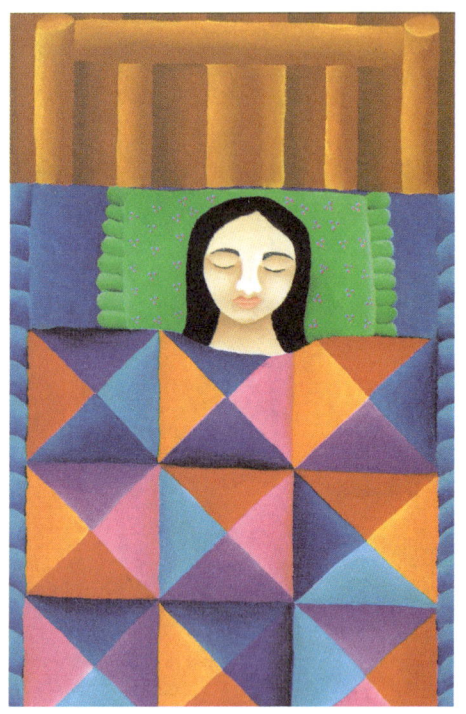

y cada vez era lo mismo.

and every time it was the same.

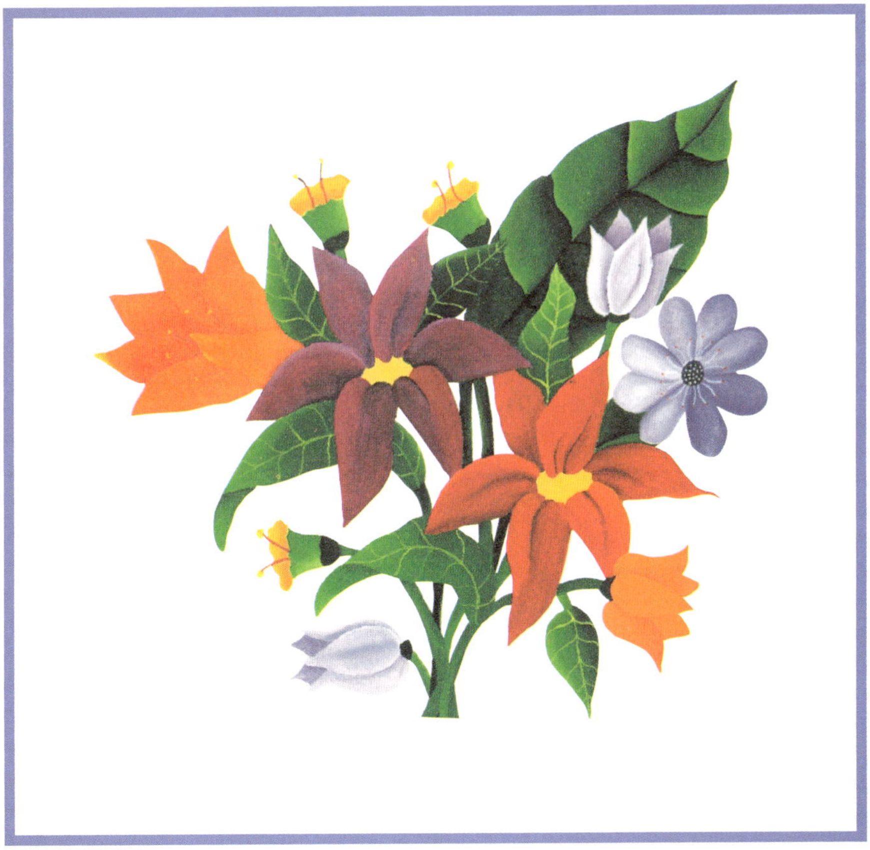

Conexión con las ciencias

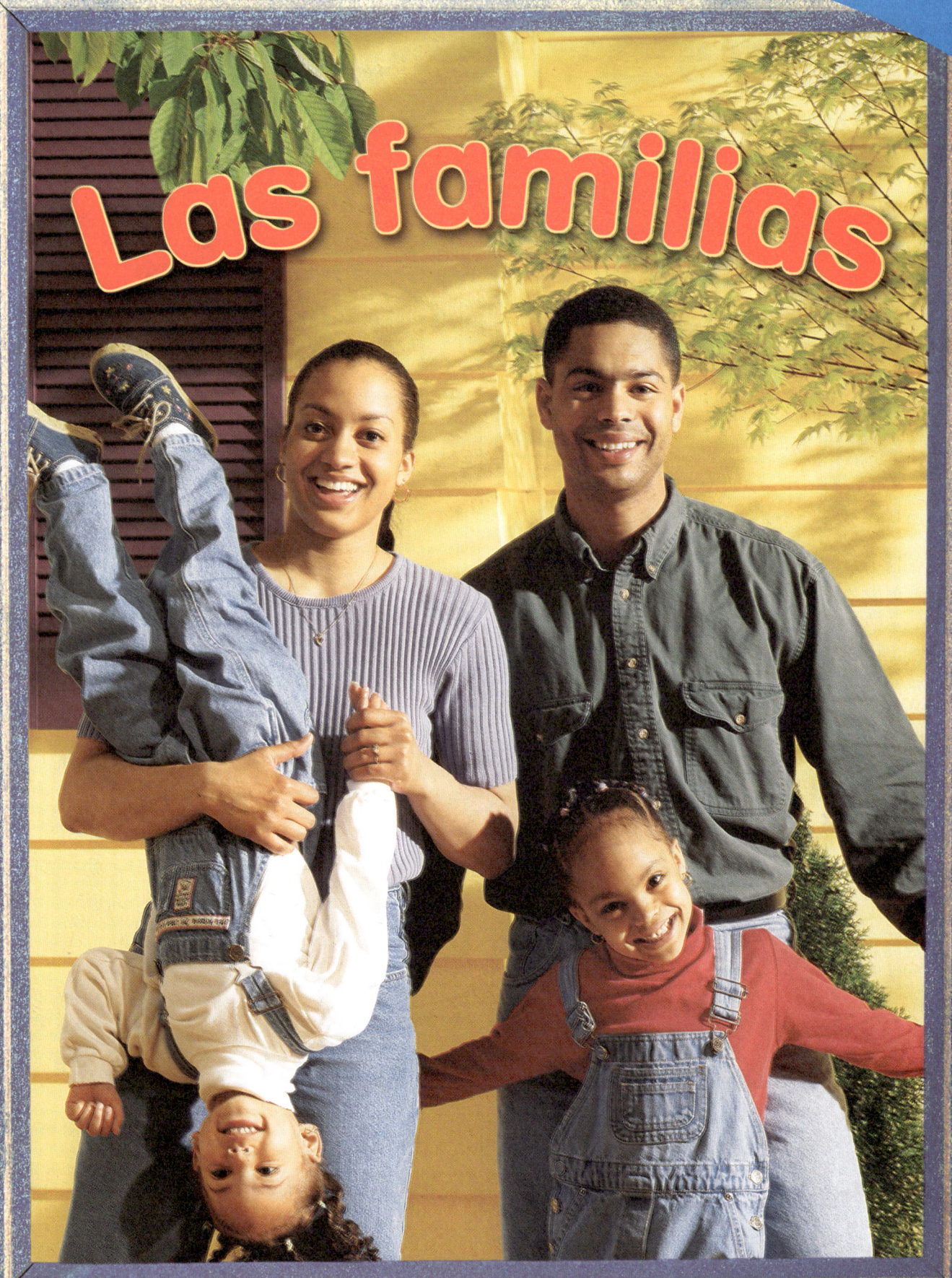

Las familias

Las familias viven juntas.

Las familias juegan juntas.

Las familias trabajan juntas.

Las familias pueden ser grandes o pequeñas.

39

Las familias celebran juntas.

40

¿Qué hace tu familia?